# dtv

Als 1948 der erste Gedichtband ›Der Sand aus den Urnen‹ des jüdischen Dichters Paul Celan erschien, vernahm man einen dunklen, nie gehörten Ton: Seine Poesie erzählte von Verfolgung, Mord und Exil.
1952 und 1955 folgten mit ›Mohn und Gedächtnis‹ und ›Von Schwelle zu Schwelle‹ zwei weitere Gedichtsammlungen, die Celan als einen der bedeutendsten Lyriker der Nachkriegszeit auswiesen. Michael Krüger, Poet und Verleger, hat daraus eine repräsentative Auswahl zusammengestellt – Paul Celan zum Kennenlernen.

*Paul Celan* (eig. Paul Anczel) wurde am 23. 11. 1920 in Czernowitz in der Bukowina geboren. Er entkam durch Flucht dem Holocaust und lebte seit 1948 in Paris. 1970 setzte er dort seinem Leben ein Ende. 1960 erhielt er den Büchner-Preis für sein lyrisches Werk und seine meisterhaften Übersetzungen.

# Inhalt

# Der Sand aus den Urnen

# Ein Lied in der Wüste

Ein Kranz ward gewunden aus schwärzlichem Laub in der
                                          Gegend von Akra:
dort riß ich den Rappen herum und stach nach dem Tod mit dem
                                          Degen.
Auch trank ich aus hölzernen Schalen die Asche der Brunnen
                                          von Akra
und zog mit gefälltem Visier den Trümmern der Himmel
                                          entgegen.

Denn tot sind die Engel und blind ward der Herr in der Gegend
                                          von Akra,
und keiner ist, der mir betreue im Schlaf die zur Ruhe hier
                                          gingen.
Zuschanden gehaun ward der Mond, das Blümlein der Gegend
                                          von Akra:
so blühn, die den Dornen es gleichtun, die Hände mit rostigen
                                          Ringen.

So muß ich zum Kuß mich wohl bücken zuletzt, wenn sie beten
                                          in Akra ...
O schlecht war die Brünne der Nacht, es sickert das Blut durch
                                          die Spangen!
So ward ich ihr lächelnder Bruder, der eiserne Cherub von Akra.
So sprech ich den Namen noch aus und fühl noch den Brand auf
                                          den Wangen.

## Nachts ist dein Leib

Nachts ist dein Leib von Gottes Fieber braun:
mein Mund schwingt Fackeln über deinen Wangen.
Nicht sei gewiegt, dem sie kein Schlaflied sangen.
Die Hand voll Schnee, bin ich zu dir gegangen,

und ungewiß, wie deine Augen blaun
im Stundenrund. (Der Mond von einst war runder.)
Verschluchzt in leeren Zelten ist das Wunder,
vereist das Krüglein Traums – was tuts?

Gedenk: ein schwärzlich Blatt hing im Holunder –
das schöne Zeichen für den Becher Bluts.

## Marianne

Fliederlos ist dein Haar, dein Antlitz aus Spiegelglas,
von Auge zu Aug zieht die Wolke, wie Sodom nach Babel:
wie Blattwerk zerpflückt sie den Turm und tobt um das
                                     Schwefelgesträuch.

Dann zuckt dir ein Blitz um den Mund – jene Schlucht mit den
                                     Resten der Geige.
Mit schneeigen Zähnen führt einer den Bogen: O schöner tönte
                                     das Schilf!

Geliebte, auch du bist das Schilf und wir alle der Regen;
ein Wein ohnegleichen dein Leib, und wir bechern zu zehnt;
ein Kahn im Getreide dein Herz, wir rudern ihn nachtwärts;
ein Krüglein Bläue, so hüpfest du leicht über uns, und wir
                                     schlafen . . .

Vorm Zelt zieht die Hundertschaft auf, und wir tragen dich
                                     zechend zu Grabe.
Nun klingt auf den Fliesen der Welt der harte Taler der Träume.

## Die Hand voller Stunden

Die Hand voller Stunden, so kamst du zu mir – ich sprach:
Dein Haar ist nicht braun.
So hobst du es leicht auf die Waage des Leids, da war es schwerer
als ich . . .

Sie kommen auf Schiffen zu dir und laden es auf, sie bieten es feil
auf den Märkten der Lust –
Du lächelst zu mir aus der Tiefe, ich weine zu dir aus der Schale,
die leicht bleibt.
Ich weine: Dein Haar ist nicht braun, sie bieten das Wasser der
See, und du gibst ihnen Locken . . .
Du flüsterst: Sie füllen die Welt schon mit mir, und ich bleib dir
ein Hohlweg im Herzen!
Du sagst: Leg das Blattwerk der Jahre zu dir – es ist Zeit, daß du
kommst und mich küssest!

Das Blattwerk der Jahre ist braun, dein Haar ist es nicht.

# Halbe Nacht

Halbe Nacht. Mit den Dolchen des Traumes geheftet in
sprühende Augen.
Schrei nicht vor Schmerz: wie Tücher flattern die Wolken.
Ein seidener Teppich, so ward sie gespannt zwischen uns, daß
getanzt sei von Dunkel zu Dunkel.
Die schwarze Flöte schnitzten sie uns aus lebendigem Holz, und
die Tänzerin kommt nun.
Aus Meerschaum gesponnene Finger taucht sie ins Aug uns:
eines will hier noch weinen?
Keines. So wirbelt sie selig dahin, und die feurige Pauke wird
laut.
Ringe wirft sie uns zu, wir fangen sie auf mit den Dolchen.
Vermählt sie uns so? Wie Scherben erklingts, und ich weiß es nun
wieder:
du starbst nicht
den malvenfarbenen Tod.

# Espenbaum

Espenbaum, dein Laub blickt weiß ins Dunkel.
Meiner Mutter Haar ward nimmer weiß.

Löwenzahn, so grün ist die Ukraine.
Meine blonde Mutter kam nicht heim.

Regenwolke, säumst du an den Brunnen?
Meine leise Mutter weint für alle.

Runder Stern, du schlingst die goldne Schleife.
Meiner Mutter Herz ward wund von Blei.

Eichne Tür, wer hob dich aus den Angeln?
Meine sanfte Mutter kann nicht kommen.

# Der Sand aus den Urnen

Schimmelgrün ist das Haus des Vergessens.
Vor jedem der wehenden Tore blaut dein enthaupteter
                                        Spielmann.
Er schlägt dir die Trommel aus Moos und bitterem Schamhaar;
mit schwärender Zehe malt er im Sand deine Braue.
Länger zeichnet er sie als sie war, und das Rot deiner Lippe.
Du füllst hier die Urnen und speisest dein Herz.

## Ein Knirschen von eisernen Schuhn

Ein Knirschen von eisernen Schuhn ist im Kirschbaum.
Aus Helmen schäumt dir der Sommer. Der schwärzliche
                                                    Kuckuck
malt mit demantenem Sporn sein Bild an die Tore des Himmels.

Barhaupt ragt aus dem Blattwerk der Reiter.
Im Schild trägt er dämmernd dein Lächeln,
genagelt ans stählerne Schweißtuch des Feindes.
Es ward ihm verheißen der Garten der Träumer,
und Speere hält er bereit, daß die Rose sich ranke . . .

Unbeschuht aber kommt durch die Luft, der am meisten dir
                                                    gleichet:
eiserne Schuhe geschnallt an die schmächtigen Hände,
verschläft er die Schlacht und den Sommer. Die Kirsche blutet
                                                    für ihn.

## Dunkles Aug im September

Steinhaube Zeit. Und üppiger quellen
die Locken des Schmerzes ums Antlitz der Erde,
den trunkenen Apfel, gebräunt von dem Hauch
eines sündigen Spruches: schön und abhold dem Spiel,
das sie treiben im argen
Widerschein ihrer Zukunft.

Zum zweitenmal blüht die Kastanie:
ein Zeichen der ärmlich entbrannten
Hoffnung auf Orions
baldige Rückkunft: der blinden
Freunde des Himmels sternklare Inbrunst
ruft ihn herauf.

Unverhüllt an den Toren des Traumes
streitet ein einsames Aug.
Was täglich geschieht,
genügt ihm zu wissen:
am östlichen Fenster
erscheint ihm zur Nachtzeit die schmale
Wandergestalt des Gefühls.

Ins Naß ihres Auges tauchst du das Schwert.

# Erinnerung an Frankreich

Du denk mit mir: der Himmel von Paris, die große Herbst-
zeitlose . . .
Wir kauften Herzen bei den Blumenmädchen:
sie waren blau und blühten auf im Wasser.
Es fing zu regnen an in unserer Stube,
und unser Nachbar kam, Monsieur Le Songe, ein hager
Männlein.
Wir spielten Karten, ich verlor die Augensterne;
du liehst dein Haar mir, ich verlors, er schlug uns nieder.
Er trat zur Tür hinaus, der Regen folgt' ihm.
Wir waren tot und konnten atmen.

# Chanson einer Dame im Schatten

Wenn die Schweigsame kommt und die Tulpen köpft:
Wer gewinnt?
      Wer verliert?
           Wer tritt an das Fenster?
Wer nennt ihren Namen zuerst?

Es ist einer, der trägt mein Haar.
Er trägts wie man Tote trägt auf den Händen.
Er trägts wie der Himmel mein Haar trug im Jahr, da ich liebte.

Er trägt es aus Eitelkeit so.

Der gewinnt.
      Der verliert nicht.
           Der tritt nicht ans Fenster.
Der nennt ihren Namen nicht.

Es ist einer, der hat meine Augen.
Er hat sie, seit Tore sich schließen.
Er trägt sie am Finger wie Ringe.
Er trägt sie wie Scherben von Lust und Saphir:
er war schon mein Bruder im Herbst;
er zählt schon die Tage und Nächte.

Der gewinnt.
      Der verliert nicht.
           Der tritt nicht ans Fenster.
Der nennt ihren Namen zuletzt.

Es ist einer, der hat, was ich sagte.
Er trägts unterm Arm wie ein Bündel.
Er trägts wie die Uhr ihre schlechteste Stunde.
Er trägt es von Schwelle zu Schwelle, er wirft es nicht fort.

Der gewinnt nicht.
      Der verliert.
            Der tritt an das Fenster.
Der nennt ihren Namen zuerst.

Der wird mit den Tulpen geköpft.

# Nachtstrahl

Am lichtesten brannte das Haar meiner Abendgeliebten:
ihr schick ich den Sarg aus dem leichtesten Holz.
Er ist wellenumwogt wie das Bett unsrer Träume in Rom,
er trägt eine weiße Perücke wie ich und spricht heiser:
er redet wie ich, wenn ich Einlaß gewähre den Herzen.
Er weiß ein französisches Lied von der Liebe, das sang ich im
                                                        Herbst,
als ich weilte auf Reisen in Spätland und Briefe schrieb an den
                                                        Morgen.

Ein schöner Kahn ist der Sarg, geschnitzt im Gehölz der
                                                        Gefühle.
Auch ich fuhr blutabwärts mit ihm, als ich jünger war als dein
                                                        Aug.
Nun bist du jung wie ein toter Vogel im Märzschnee,
nun kommt er zu dir und singt sein französisches Lied.
Ihr seid licht: ihr schlaft meinen Frühling zu Ende.
Ich bin leichter:
ich singe vor Fremden.

## Die Jahre von dir zu mir

Wieder wellt sich dein Haar, wenn ich wein. Mit dem Blau deiner
Augen
deckst du den Tisch unsrer Liebe: ein Bett zwischen Sommer
und Herbst.
Wir trinken, was einer gebraut, der nicht ich war, noch du, noch
ein dritter:
wir schlürfen ein Leeres und Letztes.

Wir sehen uns zu in den Spiegeln der Tiefsee und reichen uns
rascher die Speisen:
die Nacht ist die Nacht, sie beginnt mit dem Morgen,
sie legt mich zu dir.

# Lob der Ferne

Im Quell deiner Augen
leben die Garne der Fischer der Irrsee.
Im Quell deiner Augen
hält das Meer sein Versprechen.

Hier werf ich,
ein Herz, das geweilt unter Menschen,
die Kleider von mir und den Glanz eines Schwures:

Schwärzer im Schwarz, bin ich nackter.
Abtrünnig erst bin ich treu.
Ich bin du, wenn ich ich bin.

Im Quell deiner Augen
treib ich und träume von Raub.

Ein Garn fing ein Garn ein:
wir scheiden umschlungen.

Im Quell deiner Augen
erwürgt ein Gehenkter den Strang.

## Das ganze Leben

Die Sonnen des Halbschlafs sind blau wie dein Haar eine Stunde
vor Morgen.
Auch sie wachsen rasch wie das Gras überm Grab eines Vogels.
Auch sie lockt das Spiel, das wir spielten als Traum auf den
Schiffen der Lust.
Am Kreidefelsen der Zeit begegnen auch ihnen die Dolche.

Die Sonnen des Tiefschlafs sind blauer: so war deine Locke nur
einmal:
Ich weilt als ein Nachtwind im käuflichen Schoß deiner
Schwester;
dein Haar hing im Baum über uns, doch warst du nicht da.
Wir waren die Welt, und du warst ein Gesträuch vor den Toren.

Die Sonnen des Todes sind weiß wie das Haar unseres Kindes:
es stieg aus der Flut, als du aufschlugst ein Zelt auf der Düne.
Es zückte das Messer des Glücks über uns mit erloschenen
Augen.

# Spät und tief

Boshaft wie goldene Rede beginnt diese Nacht.
Wir essen die Äpfel der Stummen.
Wir tuen ein Werk, das man gern seinem Stern überläßt;
wir stehen im Herbst unsrer Linden als sinnendes Fahnenrot,
als brennende Gäste vom Süden.
Wir schwören bei Christus dem Neuen, den Staub zu vermählen
                                 dem Staube,
die Vögel dem wandernden Schuh,
unser Herz einer Stiege im Wasser.
Wir schwören der Welt die heiligen Schwüre des Sandes,
wir schwören sie gern,
wir schwören sie laut von den Dächern des traumlosen Schlafes
und schwenken das Weißhaar der Zeit . . .

Sie rufen: Ihr lästert!

Wir wissen es längst.
Wir wissen es längst, doch was tuts?
Ihr mahlt in den Mühlen des Todes das weiße Mehl der
                                 Verheißung,
ihr setzet es vor unsern Brüdern und Schwestern –

Wir schwenken das Weißhaar der Zeit.

Ihr mahnt uns: Ihr lästert!
Wir wissen es wohl,
es komme die Schuld über uns.
Es komme die Schuld über unser aller warnenden Zeichen,
es komme das gurgelnde Meer,
der geharnischte Windstoß der Umkehr,
der mitternächtige Tag,
es komme, was niemals noch war!

Es komme ein Mensch aus dem Grabe.

# Corona

Aus der Hand frißt der Herbst mir sein Blatt: wir sind Freunde.
Wir schälen die Zeit aus den Nüssen und lehren sie gehn:
die Zeit kehrt zurück in die Schale.

Im Spiegel ist Sonntag.
im Traum wird geschlafen,
der Mund redet wahr.

Mein Aug steigt hinab zum Geschlecht der Geliebten:
wir sehen uns an,
wir sagen uns Dunkles,
wir lieben einander wie Mohn und Gedächtnis,
wir schlafen wie Wein in den Muscheln,
wie das Meer im Blutstrahl des Mondes.

Wir stehen umschlungen im Fenster sie sehen uns zu von der
                                                        Straße:
es ist Zeit, daß man weiß!
Es ist Zeit, daß der Stein sich zu blühen bequemt,
daß der Unrast ein Herz schlägt.
Es ist Zeit, daß es Zeit wird.

Es ist Zeit.

# Todesfuge

# Todesfuge

Schwarze Milch der Frühe wir trinken sie abends
wir trinken sie mittags und morgens wir trinken sie nachts
wir trinken und trinken
wir schaufeln ein Grab in den Lüften da liegt man nicht eng
Ein Mann wohnt im Haus der spielt mit den Schlangen der
schreibt
der schreibt wenn es dunkelt nach Deutschland dein goldenes
Haar Margarete
er schreibt es und tritt vor das Haus und es blitzen die Sterne er
pfeift seine Rüden herbei
er pfeift seine Juden hervor läßt schaufeln ein Grab in der Erde
er befiehlt uns spielt auf nun zum Tanz

Schwarze Milch der Frühe wir trinken dich nachts
wir trinken dich morgens und mittags wir trinken dich abends
wir trinken und trinken
Ein Mann wohnt im Haus und spielt mit den Schlangen der
schreibt
der schreibt wenn es dunkelt nach Deutschland dein goldenes
Haar Margarete
Dein aschenes Haar Sulamith wir schaufeln ein Grab in den
Lüften da liegt man nicht eng

Er ruft stecht tiefer ins Erdreich ihr einen ihr andern singet und
spielt
er greift nach dem Eisen im Gurt er schwingts seine Augen sind
blau
stecht tiefer die Spaten ihr einen ihr andern spielt weiter zum
Tanz auf

Schwarze Milch der Frühe wir trinken dich nachts
wir trinken dich mittags und morgens wir trinken dich abends
wir trinken und trinken

ein Mann wohnt im Haus dein goldenes Haar Margarete
   dein aschenes Haar Sulamith er spielt mit den Schlangen

Er ruft spielt süßer den Tod der Tod ist ein Meister aus
                                    Deutschland
er ruft streicht dunkler die Geigen dann steigt ihr als Rauch in
                                    die Luft
dann habt ihr ein Grab in den Wolken da liegt man nicht eng

Schwarze Milch der Frühe wir trinken dich nachts
wir trinken dich mittags der Tod ist ein Meister aus
                                    Deutschland
wir trinken dich abends und morgens wir trinken und trinken
der Tod ist ein Meister aus Deutschland sein Auge ist blau
er trifft dich mit bleierner Kugel er trifft dich genau
ein Mann wohnt im Haus dein goldenes Haar Margarete
er hetzt seine Rüden auf uns er schenkt uns ein Grab in der Luft
er spielt mit den Schlangen und träumet der Tod ist ein Meister
                                    aus Deutschland
dein goldenes Haar Margarete
dein aschenes Haar Sulamith

Gegenlicht

## Auf Reisen

Es ist eine Stunde, die macht dir den Staub zum Gefolge,
dein Haus in Paris zur Opferstatt deiner Hände,
dein schwarzes Aug zum schwärzesten Auge.

Es ist ein Gehöft, da hält ein Gespann für dein Herz,
Dein Haar möchte wehn, wenn du fährst – das ist ihm verboten.
Die bleiben und winken, wissen es nicht.

## In Ägypten

Du sollst zum Aug der Fremden sagen: Sei das Wasser.
Du sollst, die du im Wasser weißt, im Aug der Fremden suchen.
Du sollst sie rufen aus dem Wasser: Ruth! Noëmi! Mirjam!
Du sollst sie schmücken, wenn du bei der Fremden liegst.
Du sollst sie schmücken mit dem Wolkenhaar der Fremden.
Du sollst zu Ruth und Mirjam und Noëmi sagen:
Seht, ich schlaf bei ihr!
Du sollst die Fremde neben dir am schönsten schmücken.
Du sollst sie schmücken mit dem Schmerz um Ruth, um Mirjam
                                            und Noëmi.
Du sollst zur Fremden sagen:
Sieh, ich schlief bei diesen!

## Vom Blau

Vom Blau, das noch sein Auge sucht, trink ich als erster.
Aus deiner Fußspur trink ich und ich seh:
du rollst mir durch die Finger, Perle, und du wächst!
Du wächst wie alle, die vergessen sind.
Du rollst: das schwarze Hagelkorn der Schwermut
fällt in ein Tuch, ganz weiß vom Abschiedwinken.

# Totenhemd

Was du aus Leichtem wobst,
trag ich dem Stein zu Ehren.
Wenn ich im Dunkel die Schreie
wecke, weht es sie an.

Oft, wenn ich stammeln soll,
wirft es vergessene Falten,
und der ich bin, verzeiht
dem, der ich war.

Aber der Haldengott
rührt seine dumpfeste Trommel,
und wie die Falte fiel,
runzelt der Finstre die Stirn.

## Auf hoher See

Paris, das Schifflein, liegt im Glas vor Anker:
so halt ich mit dir Tafel, trink dir zu.
Ich trink so lang, bis dir mein Herz erdunkelt,
so lange, bis Paris auf seiner Träne schwimmt,
so lange, bis es Kurs nimmt auf den fernen Schleier,
der uns die Welt verhüllt, wo jedes Du ein Ast ist,
an dem ich hänge als ein Blatt, das schweigt und schwebt.

# Ich bin allein

Ich bin allein, ich stell die Aschenblume
ins Glas voll reifer Schwärze. Schwestermund,
du sprichst ein Wort, das fortlebt vor den Fenstern,
und lautlos klettert, was ich träumt, an mir empor.

Ich steh im Flor der abgeblühten Stunde
und spar ein Harz für einen späten Vogel:
er trägt die Flocke Schnee auf lebensroter Feder;
das Körnchen Eis im Schnabel, kommt er durch den Sommer.

# Die Krüge

*Für Klaus Demus*

An den langen Tischen der Zeit
zechen die Krüge Gottes.
Sie trinken die Augen der Sehenden leer und die Augen der
Blinden,
die Herzen der waltenden Schatten,
die hohle Wange des Abends.
Sie sind die gewaltigsten Zecher:
sie führen das Leere zum Mund wie das Volle
und schäumen nicht über wie du oder ich.

## So schlafe

So schlafe, und mein Aug wird offen bleiben.
Der Regen füllt' den Krug, wir leerten ihn.
Es wird die Nacht ein Herz, das Herz ein Hälmlein treiben –
doch ists zu spät zum Mähen, Schnitterin.

So schneeig weiß sind, Nachtwind, deine Haare!
Weiß, was mir bleibt, und weiß, was ich verlier!
Sie zählt die Stunden, und ich zähl die Jahre.
Wir tranken Regen. Regen tranken wir.

## So bist du denn geworden

So bist du denn geworden
wie ich dich nie gekannt:
dein Herz schlägt allerorten
in einem Brunnenland,

wo kein Mund trinkt und keine
Gestalt die Schatten säumt,
wo Wasser quillt zum Scheine
und Schein wie Wasser schäumt.

Du steigst in alle Brunnen,
du schwebst durch jeden Schein.
Du hast ein Spiel ersonnen,
das will vergessen sein.

# Der Tauben weißeste

Der Tauben weißeste flog auf: ich darf dich lieben!
Im leisen Fenster schwankt die leise Tür.
Der stille Baum trat in die stille Stube.
Du bist so nah, als weiltest du nicht hier.

Aus meiner Hand nimmst du die große Blume:
sie ist nicht weiß, nicht rot, nicht blau – doch nimmst du sie.
Wo sie nie war, da wird sie immer bleiben.
Wir waren nie, so bleiben wir bei ihr.

Halme der Nacht

## Schlaf und Speise

Der Hauch der Nacht ist dein Laken, die Finsternis legt sich zu
dir.
Sie rührt dir an Knöchel und Schläfe, sie weckt dich zu Leben
und Schlaf,
sie spürt dich im Wort auf, im Wunsch, im Gedanken,
sie schläft bei jedem von ihnen, sie lockt dich hervor.
Sie kämmt dir das Salz aus den Wimpern und tischt es dir auf,
sie lauscht deinen Stunden den Sand ab und setzt ihn dir vor.
Und was sie als Rose war, Schatten und Wasser,
schenkt sie dir ein.

# Der Reisekamerad

Deiner Mutter Seele schwebt voraus.
Deiner Mutter Seele hilft die Nacht umschiffen, Riff um Riff.
Deiner Mutter Seele peitscht die Haie vor dir her.

Dieses Wort ist deiner Mutter Mündel.
Deiner Mutter Mündel teilt dein Lager, Stein um Stein.
Deiner Mutter Mündel bückt sich nach der Krume Lichts.

# Die Ewigkeit

Rinde des Nachtbaums, rostgeborene Messer
flüstern dir zu die Namen, die Zeit und die Herzen.
Ein Wort, das schlief, als wirs hörten,
schlüpft unters Laub:
beredt wird der Herbst sein,
beredter die Hand, die ihn aufliest,
frisch wie der Mohn des Vergessens der Mund, der sie küßt.

## Brandung

Du, Stunde, flügelst in den Dünen.

Die Zeit, aus feinem Sande, singt in meinen Armen:
ich lieg bei ihr, ein Messer in der Rechten.

So schäume, Welle! Fisch, trau dich hervor!
Wo Wasser ist, kann man noch einmal leben,
noch einmal mit dem Tod im Chor die Welt herübersingen,
noch einmal aus dem Hohlweg rufen: Seht,
wir sind geborgen,
seht, das Land war unser, seht,
wie wir dem Stern den Weg vertraten!

## Aus Herzen und Hirnen

Aus Herzen und Hirnen
sprießen die Halme der Nacht,
und ein Wort, von Sensen gesprochen,
neigt sie ins Leben.

Stumm wie sie
wehn wir der Welt entgegen:
unsere Blicke,
getauscht, um getröstet zu sein,
tasten sich vor,
winken uns dunkel heran.

Blicklos
schweigt nun dein Aug in mein Aug sich,
wandernd
heb ich dein Herz an die Lippen,
hebst du mein Herz an die deinen:
was wir jetzt trinken,
stillt den Durst der Stunden;
was wir jetzt sind,
schenken die Stunden der Zeit ein.

Munden wir ihr?
Kein Laut und kein Licht
schlüpft zwischen uns, es zu sagen.

O Halme, ihr Halme.
Ihr Halme der Nacht.

## Sie kämmt ihr Haar

Sie kämmt ihr Haar, wie mans den Toten kämmt:
sie trägt den blauen Scherben unterm Hemd.

Sie trägt den Scherben Welt an einer Schnur.
Sie weiß die Worte, doch sie lächelt nur.

Sie mischt ihr Lächeln in den Becher Wein:
du mußt ihn trinken, in der Welt zu sein.

Du bist das Bild, das ihr der Scherben zeigt,
wenn sie sich sinnend übers Leben neigt.

## Landschaft

Ihr hohen Pappeln – Menschen dieser Erde!
Ihr schwarzen Teiche Glücks – ihr spiegelt sie zu Tode!

Ich sah dich, Schwester, stehn in diesem Glanze.

# Stille!

Stille! Ich treibe den Dorn in dein Herz,
denn die Rose, die Rose
steht mit den Schatten im Spiegel, sie blutet!
Sie blutete schon, als wir mischten das Ja und das Nein,
als wirs schlürften,
weil ein Glas, das vom Tisch sprang, erklirrte:
es läutete ein eine Nacht, die finstere länger als wir.

Wir tranken mit gierigen Mündern:
es schmeckte wie Galle,
doch schäumt' es wie Wein –
Ich folgte dem Strahl deiner Augen,
und die Zunge lallte uns Süße . . .
(So lallt sie, so lallt sie noch immer.)

Stille! Der Dorn dringt dir tiefer ins Herz:
er steht im Bund mit der Rose.

# Wasser und Feuer

So warf ich dich denn in den Turm und sprach ein Wort zu den
Eiben,
draus sprang eine Flamme, die maß dir ein Kleid an, dein
Brautkleid:

Hell ist die Nacht,
hell ist die Nacht, die uns Herzen erfand,
hell ist die Nacht!

Sie leuchtet weit übers Meer,
sie weckt die Monde im Sund und hebt sie auf gischtende Tische,
sie wäscht sie mir rein von der Zeit:
Totes Silber, leb auf, sei Schüssel und Napf wie die Muschel!

Der Tisch wogt stundauf und stundab,
der Wind füllt die Becher,
das Meer wälzt die Speise heran:
das schweifende Aug, das gewitternde Ohr,
den Fisch und die Schlange –

Der Tisch wogt nachtaus und nachtein,
und über mir fluten die Fahnen der Völker,
und neben mir rudern die Menschen die Särge an Land,
und unter mir himmelts und sternts wie daheim um Johanni!

Und ich blick hinüber zu dir,
Feuerumsonnte:
Denk an die Zeit, da die Nacht mit uns auf den Berg stieg,
denk an die Zeit,
denk, daß ich war, was ich bin:
ein Meister der Kerker und Türme,
ein Hauch in den Eiben, ein Zecher im Meer,
ein Wort, zu dem du herabbrennst.

## Zähle die Mandeln

Zähle die Mandeln,
zähle, was bitter war und dich wachhielt,
zähl mich dazu:

Ich suchte dein Aug, als du's aufschlugst und niemand dich
                                        ansah,
ich spann jenen heimlichen Faden,
an dem der Tau, den du dachtest,
hinunterglitt zu den Krügen,
die ein Spruch, der zu niemandes Herz fand, behütet.

Dort erst tratest du ganz in den Namen, der dein ist,
schrittest du sicheren Fußes zu dir,
schwangen die Hämmer frei im Glockenstuhl deines Schweigens,
stieß das Erlauschte zu dir,
legte das Tote den Arm auch um dich,
und ihr ginget selbdritt durch den Abend.

Mache mich bitter.
Zähle mich zu den Mandeln.

# Sieben Rosen später

# Ich hörte sagen

Ich hörte sagen, es sei
im Wasser ein Stein und ein Kreis
und über dem Wasser ein Wort,
das den Kreis um den Stein legt.

Ich sah meine Pappel hinabgehn zum Wasser,
ich sah, wie ihr Arm hinuntergriff in die Tiefe,
ich sah ihre Wurzeln gen Himmel um Nacht flehn.

Ich eilt ihr nicht nach,
ich las nur vom Boden auf jene Krume,
die deines Auges Gestalt hat und Adel,
ich nahm dir die Kette der Sprüche vom Hals
und säumte mit ihr den Tisch, wo die Krume nun lag.

Und sah meine Pappel nicht mehr.

# Im Spätrot

Im Spätrot schlafen die Namen:
einen
weckt deine Nacht
und führt ihn, mit weißen Stäben entlang-
tastend am Südwall des Herzens,
unter die Pinien:
eine, von menschlichem Wuchs,
schreitet zur Töpferstadt hin,
wo der Regen einkehrt als Freund
einer Meeresstunde.
Im Blau
spricht sie ein schattenverheißendes Baumwort,
und deiner Liebe Namen
zählt seine Silben hinzu.

# Leuchten

Schweigenden Leibes
liegst du im Sand neben mir,
Übersternte.

. . . . . . . . . . .

Brach sich ein Strahl
herüber zu mir?
Oder war es der Stab,
den man brach über uns,
der so leuchtet?

## Gemeinsam

Da nun die Nacht und die Stunde,
so auf den Schwellen nennt,
die eingehn und ausgehn,

guthieß, was wir getan,
da uns kein Drittes den Weg wies,

werden die Schatten nicht
einzeln kommen, wenn mehr
sein soll als heute sich kundtat,

werden die Fittiche nicht
später dir rauschen als mir –

Sondern es rollt übers Meer
der Stein, der neben uns schwebte,
und in der Spur, die er zieht,
laicht der lebendige Traum.

# Zwiegestalt

Laß dein Aug in der Kammer sein eine Kerze,
den Blick einen Docht,
laß mich blind genug sein,
ihn zu entzünden.

Nein.
Laß anderes sein.

Tritt vor dein Haus,
schirr deinen scheckigen Traum an,
laß seine Hufe reden
zum Schnee, den du fortbliest
vom First meiner Seele.

# Fernen

Aug in Aug, in der Kühle,
laß uns auch solches beginnen:
gemeinsam
laß uns atmen den Schleier,
der uns voreinander verbirgt,
wenn der Abend sich anschickt zu messen,
wie weit es noch ist
von jeder Gestalt, die er annimmt,
zu jeder Gestalt,
die er uns beiden geliehn.

## Wo Eis ist

Wo Eis ist, ist Kühle für zwei.
Für zwei: so ließ ich dich kommen.
Ein Hauch wie von Feuer war um dich –
Du kamst von der Rose her.

Ich fragte: Wie hieß man dich dort?
Du nanntest ihn mir, jenen Namen:
ein Schein wie von Asche lag drauf –
Von der Rose her kamst du.

Wo Eis ist, ist Kühle für zwei:
ich gab dir den Doppelnamen.
Du schlugst dein Aug auf darunter –
Ein Glanz lag über der Wuhne.

Nun schließ ich, so sprach ich, das meine –:
Nimm dieses Wort – mein Auge redet's dem deinen!
Nimm es, sprich es mir nach,
sprich es mir nach, sprich es langsam,
sprich's langsam, zögr es hinaus,
und dein Aug – halt es offen so lang noch!

# Bretonischer Strand

Versammelt ist, was wir sahen,
zum Abschied von dir und von mir:
das Meer, das uns Nächte an Land warf,
der Sand, der sie mit uns durchflogen,
das rostrote Heidekraut droben,
darin die Welt uns geschah.

# Der Gast

Lange vor Abend
kehrt bei dir ein, der den Gruß getauscht mit dem Dunkel.
Lange vor Tag
wacht er auf
und facht, eh er geht, einen Schlaf an,
einen Schlaf, durchklungen von Schritten:
du hörst ihn die Fernen durchmessen
und wirfst deine Seele dorthin.

# Mit wechselndem Schlüssel

# Grabschrift für François

Die beiden Türen der Welt
stehen offen:
geöffnet von dir
in der Zwienacht.
Wir hören sie schlagen und schlagen
und tragen das ungewisse,
und tragen das Grün in dein Immer.

*Oktober* 1953

## Der uns die Stunden zählte

Der uns die Stunden zählte,
er zählt weiter.
Was mag er zählen, sag?
Er zählt und zählt.

Nicht kühler wirds,
nicht nächtiger,
nicht feuchter.

Nur was uns lauschen half:
es lauscht nun
für sich allein.

# Mit wechselndem Schlüssel

Mit wechselndem Schlüssel
schließt du das Haus auf, darin
der Schnee des Verschwiegenen treibt.
Je nach dem Blut, das dir quillt
aus Aug oder Mund oder Ohr,
wechselt dein Schlüssel.

Wechselt dein Schlüssel, wechselt das Wort,
das treiben darf mit den Flocken.
Je nach dem Wind, der dich fortstößt,
ballt um das Wort sich der Schnee.

## Stilleben

Kerze bei Kerze, Schimmer bei Schimmer, Schein bei Schein.
Und dies hier, darunter: ein Aug,
ungepaart und geschlossen,
das Späte bewimpernd, das anbrach,
ohne der Abend zu sein.

Davor das Fremde, des Gast du hier bist:
die lichtlose Distel,
mit der das Dunkel die Seinen bedenkt,
aus der Ferne,
um unvergessen zu bleiben.

Und dies noch, verschollen im Tauben:
der Mund,
versteint und verbissen in Steine,
angerufen vom Meer,
das sein Eis die Jahre hinanwälzt.

# Abend der Worte

Abend der Worte – Rutengänger im Stillen!
Ein Schritt und noch einer,
ein dritter, des Spur
dein Schatten nicht tilgt:

die Narbe der Zeit
tut sich auf
und setzt das Land unter Blut –
Die Doggen der Wortnacht, die Doggen
schlagen nun an
mitten in dir:
sie feiern den wilderen Durst,
den wilderen Hunger . . .

Ein letzter Mond springt dir bei:
einen langen silbernen Knochen
– nackt wie der Weg, den du kamst –
wirft er unter die Meute,
doch rettets dich nicht:
der Strahl, den du wecktest,
schäumt näher heran,
und obenauf schwimmt eine Frucht,
in die du vor Jahren gebissen.

# Die Halde

Neben mir lebst du, gleich mir:
als ein Stein
in der eingesunkenen Wange der Nacht.

O diese Halde, Geliebte,
wo wir pausenlos rollen,
wir Steine
von Rinnsal zu Rinnsal.
Runder von Mal zu Mal.
Ähnlicher. Fremder.

O dieses trunkene Aug,
das hier umherirrt wie wir
und uns zuweilen
staunend in eins schaut.

## Die Felder

Immer die eine, die Pappel
am Saum des Gedankens.
Immer der Finger, der aufragt
am Rain.

Weit schon davor
zögert die Furche im Abend.
Aber die Wolke:
sie zieht.

Immer das Aug.
Immer das Aug, dessen Lid
du aufschlägst beim Schein
seines gesenkten Geschwisters.
Immer dies Aug.

Immer dies Aug, dessen Blick
die eine, die Pappel umspinnt.

Inselhin

# Nächtlich geschürzt

*Für Hannah und Hermann Lenz*

Nächtlich geschürzt
die Lippen der Blumen,
gekreuzt und verschränkt
die Schäfte der Fichten,
ergraut das Moos, erschüttert der Stein,
erwacht zum unendlichen Fluge
die Dohlen über dem Gletscher:

dies ist die Gegend, wo
rasten, die wir ereilt:

sie werden die Stunde nicht nennen,
die Flocken nicht zählen,
den Wassern nicht folgen ans Wehr.

Sie stehen getrennt in der Welt,
ein jeglicher bei seiner Nacht,
ein jeglicher bei seinem Tode,
unwirsch, barhaupt, bereift
von Nahem und Fernem.

Sie tragen die Schuld ab, die ihren Ursprung beseelte,
sie tragen sie ab an ein Wort,
das zu Unrecht besteht, wie der Sommer.

Ein Wort – du weißt:
eine Leiche.

Laß uns sie waschen,
laß uns sie kämmen,
laß uns ihr Aug
himmelwärts wenden.

## Auge der Zeit

Dies ist das Auge der Zeit:
es blickt scheel
unter siebenfarbener Braue.
Sein Lid wird von Feuern gewaschen,
seine Träne ist Dampf.

Der blinde Stern fliegt es an
und zerschmilzt an der heißeren Wimper:
es wird warm in der Welt,
und die Toten
knospen und blühen.

# Flügelnacht

Flügelnacht, weither gekommen und nun
für immer gespannt
über Kreide und Kalk.
Kiesel, abgrundhin rollend.
Schnee. Und mehr noch des Weißen.

Unsichtbar,
was braun schien,
gedankenfarben und wild
überwuchert von Worten.

Kalk ist und Kreide.
Und Kiesel.
Schnee. Und mehr noch des Weißen.

Du, du selbst:
in das fremde
Auge gebettet, das dies
überblickt.

## Welchen der Steine du hebst

Welchen der Steine du hebst –
du entblößt,
die des Schutzes der Steine bedürfen:
nackt,
erneuern sie nun die Verflechtung.

Welchen der Bäume du fällst –
du zimmerst
die Bettstatt, darauf
die Seelen sich abermals stauen,
als schütterte nicht
auch dieser
Äon.

Welches der Worte du sprichst –
du dankst
dem Verderben.

# In memoriam Paul Eluard

Lege dem Toten die Worte ins Grab,
die er sprach, um zu leben.
Bette sein Haupt zwischen sie,
laß ihn fühlen
die Zungen der Sehnsucht,
die Zangen.

Leg auf die Lider des Toten das Wort,
das er jenem verweigert,
der du zu ihm sagte,
das Wort,
an dem das Blut seines Herzens vorbeisprang,
als eine Hand, so nackt wie die seine,
jenen, der du zu ihm sagte,
in die Bäume der Zukunft knüpfte.

Leg ihm dies Wort auf die Lider:
vielleicht
tritt in sein Aug, das noch blau ist,
eine zweite, fremdere Bläue,
und jener, der du zu ihm sagte,
träumt mit ihm: Wir.

# Schibboleth

Mitsamt meinen Steinen,
den großgeweinten
hinter den Gittern,

schleiften sie mich
in die Mitte des Marktes,
dorthin,
wo die Fahne sich aufrollt, der ich
keinerlei Eid schwor.

Flöte,
Doppelflöte der Nacht:
denke der dunklen
Zwillingsröte
in Wien und Madrid.

Setz deine Fahne auf Halbmast,
Erinnerung.
Auf Halbmast
für heute und immer.

Herz:
gib dich auch hier zu erkennen,
hier, in der Mitte des Marktes.
Ruf's, das Schibboleth, hinaus
in die Fremde der Heimat:
Februar. No pasaran.

Einhorn:
du weißt um die Steine,
du weißt um die Wasser,
komm,
ich führ dich hinweg
zu den Stimmen
von Estremadura.

# Kenotaph

Streu deine Blumen, Fremdling, streu sei getrost:
du reichst sie den Tiefen hinunter,
den Gräten.

Der hier liegen sollte, er liegt
nirgends. Doch liegt die Welt neben ihm.
Die Welt, die ihr Auge aufschlug
vor mancherlei Flor.

Er aber hielts, da er manches erblickt,
mit den Blinden:
er ging und pflückte zuviel:
er pflückte den Duft –
und die's sahn, verziehn es ihm nicht.

Nun ging er und trank einen seltsamen Tropfen:
das Meer.
Die Fische –
stießen die Fische zu ihm?

## Argumentum e silentio

*Für René Char*

An die Kette gelegt
zwischen Gold und Vergessen:
die Nacht.
Beide griffen nach ihr.
Beide ließ sie gewähren.

Lege,
lege auch du jetzt dorthin, was herauf-
dämmern will neben den Tagen:
das sternüberflogene Wort,
das meerübergossne.

Jedem das Wort.
Jedem das Wort, das ihm sang,
als die Meute ihn hinterrücks anfiel –
Jedem das Wort, das ihm sang und erstarrte.

Ihr, der Nacht,
das sternüberflogne, das meerübergossne,
ihr das erschwiegne,
dem das Blut nicht gerann, als der Giftzahn
die Silben durchstieß.

Ihr das erschwiegene Wort.

Wider die andern, die bald,
die umhurt von den Schinderohren,
auch Zeit und Zeiten erklimmen,

zeugt es zuletzt,
zuletzt, wenn nur Ketten erklingen,
zeugt es von ihr, die dort liegt
zwischen Gold und Vergessen,
beiden verschwistert von je –

Denn wo
dämmerts denn, sag, als bei ihr,
die im Stromgebiet ihrer Träne
tauchenden Sonnen die Saat zeigt
aber und abermals?

# Die Winzer

*Für Nani und Klaus Demus*

Sie herbsten den Wein ihrer Augen,
sie keltern alles Geweinte, auch dieses:
so will es die Nacht,
die Nacht, an die sie gelehnt sind, die Mauer,
so forderts der Stein,
der Stein, über den ihr Krückstock dahinspricht
ins Schweigen der Antwort –
ihr Krückstock, der einmal,
einmal im Herbst,
wenn das Jahr ihr zum Tod schwillt, als Traube,
der einmal durchs Stumme hindurchspricht, hinab
in den Schacht des Erdachten.

Sie herbsten, sie keltern den Wein,
sie pressen die Zeit wie ihr Auge,
sie kellern das Sickernde ein, das Geweinte,
im Sonnengrab, das sie rüsten
mit nachtstarker Hand:
auf daß ein Mund danach dürste, später –
ein Spätmund, ähnlich dem ihren:
Blindem entgegengekrümmt und gelähmt –
ein Mund, zu dem der Trunk aus der Tiefe emporschäumt, indes
der Himmel hinabsteigt ins wächserne Meer,
um fernher als Lichtstumpf zu leuchten,
wenn endlich die Lippe sich feuchtet.

# Inselhin

Inselhin, neben den Toten,
dem Einbaum waldher vermählt,
von Himmeln umgeiert die Arme,
die Seelen saturnisch beringt:

so rudern die Fremden und Freien,
die Meister vom Eis und vom Stein:
umläutet von sinkenden Bojen,
umbellt von der haiblauen See.

Sie rudern, sie rudern, sie rudern –:
Ihr Toten, ihr Schwimmer, voraus!
Umgittert auch dies von der Reuse!
Und morgen verdampft unser Meer!

# Nachwort

Kein anderer Dichter der Nachkriegszeit hat mit seinen Lesern und seinen Interpreten so viel Glück gehabt wie Paul Celan. Selbst die kleinmütigen Verächter der Poesie, die im Namen einer rationalistischen Philosophie gegen die Metapher wüteten und konkret bis zur Selbstaufgabe wurden, konnten der Aura des jüdischen Dichters Paul Celan nichts anhaben, vermochten die Aura um seine Dichtung nicht zu zerstören. Poesie, nicht nur nach Hegel schon lange kein Weltzustand mehr, kam bei ihm noch einmal zu sich selber und wurde, trotz aller Dunkelheiten, trotz aller Schwierigkeiten, von einer winzigen Minderheit angenommen und verteidigt. Der verwundbarste, verwundetste Lyriker seiner Generation besaß eine Stimme, die in den Essays und Kommentaren seiner gelehrten Leser eine sich entfaltende Verstärkung fand, eine Kräftigung, nicht eine in kritischer Absicht unternommene Schwächung. Wer einmal sich in die Architektur dieser Dichtung versenkt hat, in die, wie in mittelalterlichen Kathedralen, das geheime Wissen des Architekten eingegangen ist, wird stets wieder zurückkehren – zurückkehren müssen, weil alles geförderte Wissen die konkrete Lektüre nicht ersetzen kann.

So hat diese leise Stimme, die das Leid als die »herrschende Lebensgestalt des Menschen« ausspricht, sich in unzählige andere Stimmen verzweigt und wird wie ein Echo des Echos durch das Meer der Auslegung getragen. Je eindeutiger diese Dichtung sich dem Verstummen zuneigte, den letzten Satz, das letzte Fragment, den letzten Namen, das letzte Wort hervorbrachte in dem paradoxen Bewußtsein, das Rätsel, das es nach Wittgenstein nicht gibt, zu lösen, aufzulösen in der Sprachlosigkeit, desto intensiver setzte die Lektüre der Gedichte ein, der wir so großartige, »erleuchtete« Ergebnisse wie die von Peter Szondi, Hans-Georg Gadamer, Peter Horst Neumann oder Winfried Menninghaus – um nur einige zu nennen – verdanken. Celans Schüler waren nicht die Dichter, deren geschichtliche Erfahrungen sich an seinen nicht messen lassen durften, sondern die Interpreten.

Ihre Auslegungsanstrengung führte dazu, daß wir, die bescheideneren Leser, Celan in den verschiedenen Lebensphasen gleichsam mit »ausgewechselten« Augen lasen: sein Werk – nicht dessen Wert – veränderte sich unter unserem Blick. Nun besteht das »Geheimnis« des wahren Gedichts darin, daß es von jedem Leser anders gelesen wird; Bodenlosigkeit ist sein wesentliches Attribut, nicht Eindeutigkeit, die es versiegelt und mundtot macht. Diese in der Moderne potenzierte Bodenlosigkeit – die nur am Rande mit Sprachskepsis zu tun hat, eher ein Reflex darauf ist –, hat ihren schütteren Halt nur in der Form, im unsicheren Anfang und im fragenden Ende, den gebrochenen Zeilen und den Zwischenräumen zwischen den Wörtern. Diese Bodenlosigkeit ist – so empfand ich es damals, als ich 1962 als Neunzehnjähriger den ersten Gedichtband Celans kaufte – das einzige Gegenmittel gegen ein repräsentativ-symbolisches Sprechen: Die Sprache, so schien es uns damals, wurde hier endgültig »entwaffnet«, den Begriffen entzogen, um als andere sich der Welt wieder nähern zu können. »Die höchsten lyrischen Gebilde«, lasen wir bei Adorno mit fragender Zustimmung, »sind darum die, in denen das Subjekt, ohne Rest von bloßem Stoff, in der Sprache tönt, bis die Sprache selber laut wird. Die Selbstvergessenheit des Subjekts, das der Sprache als einem Objektiven sich anheimgibt, und die Unmittelbarkeit und Unwillkürlichkeit seines Ausdrucks sind dasselbe: so vermittelt die Sprache Lyrik und Gesellschaft im Innersten. Darum zeigt Lyrik dort sich am tiefsten gesellschaftlich verbürgt, wo sie nicht der Gesellschaft nach dem Munde redet, wo sie nichts mitteilt, sondern wo das Subjekt, dem der Ausdruck glückt, zum Einstand mit der Sprache selber kommt, dem, wohin diese von sich aus möchte.« Ist der »privilegierte Augenblick« des Gedichts, den Adorno in seiner Rede über ›Lyrik und Gesellschaft‹ benennt, tatsächlich erreicht, wenn es eine Mitteilung verweigert? Oder erfüllt er sich im Gegenteil nicht gerade dann, wenn der Funke der Mitteilung überspringt und den Leser in Flammen setzt, also verwandelt? Da es einerseits kein Gedicht geben kann »ohne die Geschichte, ohne die Gemeinschaft, von der es sich nährt und die es nährt« (Octavio Paz), andererseits die Poetisierung des Geschichtlichen das Gedicht zerstört, wie sieht dann die Mitteilung aus, die zwischen dem »Gedicht«, den »Wortfeldern«, und dem Leser, der Gesellschaft, vermittelt?

Das war damals – als um die Poesie und deren Sinn noch erbittert gestritten wurde – die uns bewegende Frage, und wer sich, aus welchen Gründen auch immer, zu einer schnellen Antwort gedrängt sah, der mußte sich, grob gesprochen, zwischen Celan (und den anderen) und Brecht (vor vielen anderen) entscheiden, zwischen einer Konzeption von Wirklichkeit, die mit Hilfe des Gedichts »gesucht und gewonnen« sein will, also mit dem geglückten Gedicht erst entsteht, oder für einen sozialen oder politischen Sachverhalt, der durch das Gedicht »erfaßt« und als veränderbar dargestellt wird. Es ist kein Geheimnis, daß die Gedichte von Celan (und Günter Eich, Ilse Aichinger, Peter Huchel oder Ingeborg Bachmann) sich als »haltbarer« erwiesen haben als die der sich von Heine herleitenden »politischen« Dichter, deren Bodenhaltigkeit der feste Grund ihrer relativen Vergänglichkeit ist. Allerdings haben sie – anders als Celan – Nachfolger gefunden, die, als Berufsdichter, geübt oder gereimt, die Welt noch einmal in zwölf sinnfällige Verse zwingen können. Die Notwendigkeit des Schreibens ist ebenso zur Legende geworden wie der an der Welt leidende, am Wort verzweifelnde Dichter, der – in der Gottesferne – als Wortsucher seiner einsamen Bestimmung nachgeht. Hört man den gereizten, verächtlichen Ton, mit dem die meisten der heutigen Geschmacksinstanzen dem sogenannten »hohen Ton« nachjagen, um ihn zu »erlegen«, dann hat man eine ungefähre Vorstellung davon, wie es um das gegenwärtige Verständnis von Lyrik steht. Man traut ihr nichts mehr zu, man fordert nichts von ihr. Erst wenn sie sich mit der Alltagssprache gemein gemacht hat bis zur völligen Anpassung, findet sie Beachtung gerade vor denjenigen Augen und Ohren, die einmal bei Benjamin in die Schule gegangen sind und sich an andere Sprachformen erinnern sollten. Das seltene Wort wird heute als »gesuchtes« denunziert. Celan selber hat einmal vom Gedicht als von einer Flaschenpost gesprochen, die »irgendwo und irgendwann an Land gespült wird, an Herzland vielleicht«, mithin aus einer anderen Zeit stammt, wenn nicht gar aus einer anderen Sprache, einer Fremdsprache womöglich oder einer fremd gewordenen Sprache, die geduldig entziffert werden muß. »Dieser Sprache geht es, bei der unabdingbaren Vielstelligkeit des Ausdrucks, um Präzision. Sie verklärt nicht, poetisiert nicht, sie nennt und setzt, sie versucht, den Bereich des Gegebenen und des Möglichen auszumessen.«

Gerade das seltene (und manchmal seltsame) Sprachmaterial Celans ist in einer Perspektive zu lesen, die nicht nur, nach seiner eigenen Aussage, die chassidischen Geschichten durchlaufen und deren Reichtum an paradoxen Lösungen, auf die Welt einen Reim zu finden und ein Bild von ihr zu erlangen, sich angeeignet hat, sondern die ganze Sprachgeschichte berücksichtigt. Er gehörte zu den Wörterbuchlesern. Für ihn war jedes Wort nur die Antwort auf ein anderes, und so immer weiter zurück bis zu jener anfänglichen Rede, die ein Schrei war der Angst, der sich am Grunde aller Rede durch die Jahrtausende erhalten hat und nie verstummt ist, trotz aller Beschwichtigungen. »Das All-Eine war nur im schweigenden Ich verbunden«, heißt es in Fritz Mauthners ›Schweigen‹, »beim ersten lauten Worte verschwindet herabstürzend jede Einheit, auch die des Ich. Nichts läßt sich mehr sagen.«

Nimmt man die frühen Gedichte Paul Celans – ›Mohn und Gedächtnis‹ (1952) und ›Von Schwelle zu Schwelle‹ (1955) –, aus denen für diesen Band eine Auswahl getroffen wurde, wieder zur Hand, dann spürt man sofort die unheimliche Insistenz, mit der hier Sprachvergewisserung als notwendige Voraussetzung für Selbstvergewisserung getrieben wird. »Sie, die Sprache, blieb unverloren, ja, trotz allem. Aber sie mußte nun hindurchgehen durch ihre eigenen Antwortlosigkeiten, hindurchgehen durch furchtbares Verstummen, hindurchgehen durch die tausend Finsternisse todbringender Rede.« Eine solche Sprache kann nicht, darf nicht gleichgültig sein gegen die Wiederholbarkeit dessen, was in ihrem Namen geschehen ist. Sie muß sich an ihren eigenen Widerständen erproben auch um den Preis der Unverständlichkeit. Was beim späten Celan dann bis zur höchsten Konsequenz der Verdichtung, Skelettierung getrieben wird, ist hier nur angedeutet, was den Gedichten den eigentümlichen Schwebezustand verleiht, das Leichte, das dem Schweren abgetrotzt ist. Die Hoffnungsverluste spiegeln sich schon in den Worten, die dem Schmerz verliehen werden, doch ergeben sie immer noch durch Rhythmus und Form ein Ganzes, ein Gedicht, das unter, hinter dem dichten Gitter der Verzweiflung hervorlugt: Das Wort, das Rätsel, das reine Wort kommt in diesen Gedichten noch zur Sprache: »Es komme, was niemals noch war!//Es komme ein Mensch aus dem Grabe.«

Es ist aber – jenseits der universellen Problematik, die in diesen frühen Gedichten aufbewahrt wird – auch der märchenhafte, bisweilen sogar anheimelnde Ton, der einen ersten Zugang erleichtert. »Der Regen füllt den Krug«, »Der Wind füllt den Becher«, »Wir schälen die Zeit aus den Nüssen«, »Es ist ein Gehöft, da hält ein Gespann für dein Herz«. In solchen der Anschauung zugänglichen sinnlichen Bildern, über denen der Stern des Untergangs noch nicht aufgegangen ist, hat sich eine lyrische Erfahrung verdichtet, die komplex und unerschöpflich von einer Welt berichtet, die *auch* hätte sein können. Wir lesen sie, in Kenntnis des Schicksals des Dichters, als Zeichen dafür, daß dem Mißlingen, der Ausweglosigkeit ein anderes Bild der Welt unterlag, das anzuschauen Celan nur einmal erlaubt, und dann für immer verwehrt war.

Michael Krüger

# Lyrik

Eine Auswahl aus dem Programm der DVA

# Jochen Klauß
# Goethes Deutschland
## Eine topographische Biographie

Goethe hat Deutschland gekannt wie
nur wenige Schriftsteller:
Wohin reiste er, wen besuchte er, wo
fand er Anregungen für seine Arbeit,
in welchen Gasthöfen stieg er ab?
Davon und von vielem mehr erzählen
die über 400 Artikel dieses reich
illustrierten Buches: ein Deutschlandbild
des Dichters, wie es bisher keines gab.

336 Seiten
70 s/w und 4 farbige Abbildungen

# André Gide im dtv

**Die Falschmünzer**
Roman
Übersetzt von
Christine Stemmermann
dtv 12208

**Die Verliese des Vatikans**
Roman
Übersetzt von
Thomas Dobberkau
dtv 12285

**Der Immoralist**
Roman
Übersetzt von
Gisela Schlientz
dtv 12345

**Die enge Pforte**
Roman
Übersetzt von
Andrea Spingler
dtv 12427

**Der schlechtgefesselte Prometheus**
Erzählungen
Übersetzt von Andrea Spingler,
Gisela Kleineidam und Gerda Scheffel
dtv 12651

dtv

# Klassiker der
## französischen Literatur im <u>dtv</u>

Charles Baudelaire
**Les Fleurs du Mal**
**Die Blumen des Bösen**
Zweisprachige Ausgabe
dtv 12349

**Herzstiche**
Die Briefe des Cyrano
de Bergerac
Übers. und hrsg. von
Wolfgang Tschöke
dtv 20013

Alexandre Dumas
**Die Kameliendame**
dtv 12479

Gustave Flaubert
**Madame Bovary**
Roman
dtv 12398

Théophile Gautier
**Reise in Andalusien**
dtv 2333

André Gide
**Die Falschmünzer**
Roman
dtv 12208

**Die Verliese des
Vatikans**
Roman
dtv 12285

**Der Immoralist**
Roman
dtv 12345

Victor Hugo
**Der Glöckner von
Notre-Dame**
Roman
dtv 2329

Joris-Karl Huysmans
**Gegen den Strich**
Roman
dtv 2352

Jean de La Fontaine
**Sämtliche Fabeln**
Mit 255 Illustrationen
von Grandville
dtv 2353

Stéphane Mallarmé
**Sämtliche Dichtungen**
Zweisprachige Ausgabe
dtv 2374

Marcel Proust
**Der gewendete Tag**
Aus der ›Suche nach der
verlorenen Zeit‹
dtv 2386

Arthur Rimbaud
**Sämtliche Dichtungen**
Zweisprachige Ausgabe
dtv 2399

# Klassiker der
# französischen Literatur im <u>dtv</u>

# George Sand im <u>dtv</u>

**Nimm Deinen Mut in beide Hände**
Briefe
Übers. und hrsg. von
Annedore Haberl
Originalausgabe · dtv 2238

**Nanon**
Roman
Übersetzt und mit einem
Nachwort von
Heidrun Hemje-Oltmanns
Originalausgabe · dtv 2282

**Sie und Er**
Übers. von Lieselotte Ronte
dtv 2295

**Mauprat**
Geschichte einer Liebe
Übersetzt und mit einem
Nachwort von
Heidrun Hemje-Oltmanns
Originalausgabe · dtv 2300

**Lelia**
Roman
Neu übersetzt von
Heidrun Hemje-Oltmanns
Originalausgabe · dtv 2311

**Jeanne**
Roman
Neu übersetzt und mit
einem Nachwort von
Heidrun Hemje-Oltmanns
dtv 2319

**Flavie**
Roman
Übersetzt von Joachim
Schultz unter Mitwirkung
einer Gruppe Bayreuther
Studenten
dtv 2327

**Der Müller von Angibault**
Übersetzt von
Heidrun Hemje-Oltmanns
dtv 2379

**Ein Winter auf Mallorca**
Herausgegeben und
übertragen von
Ulrich C.A. Krebs
Mit zahlreichen
Illustrationen
dtv 12497

<u>dtv</u>